Sketchbook

ハンス・P・バッハーの「構図」と「ショット」のアイデア

SE
SHOEISHA

Sketchbook

ハンス・P・バッハーの「構図」と「ショット」のアイデア

ハンス・P・バッハー

SHOEISHA

Sketchbook: Composition Studies for Film

by Hans P. Bacher

Text and Illustrations © 2015 Hans P. Bacher

Foreword © 2023 Hans-Martin Rall

Translation © 2023 Shoeisha Co., Ltd.

The original edition of this book was produced and published in English, in 2015
by Talisman Publishing Pte Ltd., Singapore

Japanese translation rights arranged with Talisman Publishing Pte Ltd., Singapore,
through Tuttle-Mori Agency, Inc., Tokyo

Preface to the Japanese version

日本語版の序文

天才との出会い

真の巨匠とは、一目でわかるもの。私が初めてハンス・バッハーの作品に出会ったときも、まさにそうだった。あれは確か、1980年代の初頭。ハンスが故ハロルド・ジッパーマンと共同制作した優れたコミックブックシリーズ『Alfred Jodocus Kwak（アルフレッド・ヨドクス・クワック）』※1のドイツ語版を手にしたとき、私は衝撃を覚えた。ハンスはのちに、同シリーズを原作としたテレビアニメ『小さなアヒルの大きな愛の物語 あひるのクワック』※2のアートディレクターとして、日本での制作にも加わっている。

私は、このコミックとの出会いをきっかけにハンスの作品に興味を持ち、90年代から今日に至るまでハンスのアートワークを追い続けてきた。まさか、本人に直接会えただけでなく、同僚として一緒に仕事をすることになるとは——。そんな幸運が巡ってくるなんて、夢にも思っていなかった。彼のプロとしての素晴らしいキャリアについては、いまさらここで語る必要もないだろう。代わりにぜひ語りたいのは、ハンスの作品で私の心を激しく揺さぶらなかったものは1つもない、ということ

とだ。彼のデザインアプローチには、このレジェンドをまったくの別格たらしめる、特有の優れた資質が備わっている。

その類まれな才能は、いくつかのデザイン原則をあらゆる分野に応用できるまでに習得したことにより、特定の媒体（メディア）を超越して発揮されている。それゆえハンスは、アニメーション、映画、舞台、イラスト、そしてデザイン全般に適用可能な洗練されたデザインコンセプトや構図解釈を繰り出す、稀有な天才の1人として数えられているのだ。事実、タイポグラフィーであれ、ポスターデザインであれ、本のレイアウトであれ、彼が完璧にマスターしていないという分野を私は知らない。ハンスは、こうした多分野的でモダンな美的感覚をアニメーションのプロダクションデザインにたびたび取り入れ、従来の常識にとらわれることなく革新を推し進めてきた。

そういった意味では、ハンスはソール・バスやレイ＆チャールズ・イームズ、アイヴァンド・アール、ミルトン・グレイザー、アレックス・トスといった伝説的なデザイナーやアーティストたち、あるいは葛飾北斎、歌川広重、田中一光をはじめとする数多くの日本の名匠に通ずるものがある。いま列挙した面々

は、分野もばらばらで統一感がないように思えるかもしれない。それは単に、さまざまな文化や分野の影響を取り入れたハンス自身のデザインアプローチを反映する人物を選んだからにすぎない。しかし彼らには共通する点が1つある。それは、ハンスの完璧なまでの芸術センスと妥協のない卓越したスタンダードに見合う人物である、ということだ。それに関してハンスは、以前はブログで、現在はInstagramでたびたび紹介しており、巨匠たちから得た素晴らしいインスピレーションを世界中の人と共有している。なかでも日本について取り上げることが多く、いまは亡きアニメ監督の今敏（こんさとし）など、日本のアーティストへの称賛も綴っていた※3。

アジアン・インスピレーション

ハンスは本書のイントロ部分で、東洋美術全般に対する自身の愛と、それらから得るインスピレーションについて触れているが、確かにその影響は彼の作品に顕著に表れている。アニメ映画『ムーラン』（トニー・バンクロフト、バリー・クック監督、1998年）の彼の革新的なデザインがその最たる例だが、よく見れば、そうした影響は彼の作品のいたるところで目にするこ

※1　ヘルマン・ヴァン・ヴェーン著、1987年刊行。「ハロルドのデザイン（したキャラクター）をハンス・バッハーがコミックのレイアウトに落とし込み、彩色と背景の作画を行った。（中略）その後の数年間でさらに2冊のコミックが発刊された。」
　　　引用元：https://haraldsiepermann.com/his-work/alfred-j-kwak/ 2023年11月20日閲覧。
※2　斎藤博・他（監督）によるテレビアニメシリーズ『小さなアヒルの大きな愛の物語 あひるのクワック』（1989～1990年）。ハンスとハロルド・ジッパーマンは同シリーズのプロダクションデザインを担当した。前記URL記事参照。
※3　ハンス・バッハーのブログ記事「Actress」（2009年8月16日投稿）参照。https://one1more2time3.wordpress.com/2009/08/16/actress/ 2023年11月20日閲覧。

とができる。ハンスの作品は、日本の美意識やデザインの伝統と共鳴する部分が多い。原則として、シンプルさを強調し（「簡素」）、不完全さや有機的な質感が醸す美を受け入れ（「自然」）、不規則性や非対称性を利用した説得力のある方法で構図を分割している（「不均整」）。さらに 2 つの原則が、ハンスの作品の核となる 2 つの特質をうまく説明している。それは、「習慣や型から脱け出し常識にとらわれない」[4]ことを意味する「脱俗」と、「上品な素朴さと明確な簡潔さ」[5]を表す「渋味」だ。大胆な再発明、目を見張る革新性、独創的な抽象化が、彼の作品を特徴付けている。日本の美学に見るこれらの原則を完全にマスターしているからこそ、既存の形や手法を自在に発展させることができるのだろう。そう、優れたジャズミュージシャンが、本来のメロディーを即興でアレンジして演奏するのと同じように。

それは、"表現の経済性"が加わることで、さらに説得力が増す。表現の経済性とは、話を理解するために必要な情報のみを、端的に、的確に伝える無駄のない表現力のことだ。ハンス自身が雄弁に語るように、彼のデザインは、現代の CG アニメーションにありがちな「雑然とした混沌」ではなく、「力強い声明」を伝えている。ハンスは、安易な解決策にはけっして満足しない。完璧なデザインアプローチ、すなわち混乱を生むことなく意思や情報を伝えられる方法を常に模索しているのだ。

そして、それこそがまさに、本書で彼が伝えようとすることだ。読者は、このあとに続くページで紹介される数々の例を研究・分析する中で、多くの気付きを得られるだろう。ハンスの芸術哲学を念頭に置いて各ページのイメージ（絵）を観察してみてほしい。それらの本質が見えてくるはずだ。

ビジュアルストーリーテリングの構成要素

本書は、アニメーション映画の構図についてハンスがフルカラーで解説した素晴らしい本『Vision ストーリーを伝える：色、光、構図』の姉妹編として、さまざまな観点から見ることのできる興味深い一冊である。この『Sketchbook』では、ハンスのデザインが最も純粋な形で紹介されている。つまり、作品を完成させるための重要な基礎となる、モノクロのスケッチ画のみを収録したのだ。ハンスの思考プロセスをありのままに垣間見ることができる絶好のチャンスとも言える。本書を通して、完成作品の構築に役立つ「構成モジュール」をひとつずつ解体していくことで、『Vision』の中で紹介されている複雑な技巧をハンスがいかにして生み出したかが見えてくる。

ここで鍵となるのが、本書の副題にある「Composition Studies for Film」だ。読者はページをめくるたび、構図の原則を見事に応用しながら見る者の注意をたくみに誘導するハンスの技術を目の当たりにする。彼は真のデザイナーだ。形態は機能に従う。ゲシュタルト[6]を最適な形に保つことで最も効果的なストーリーテリングが生まれ、美しいものが創造されるのである。

自身のプロセスを公開しているハンスのレクチャーは、現役のアーティストにとっても、アーティストを志す人にとっても、大変興味深いものとなるはずだ。アトリエの扉は開かれている。師は弟子たちを招き入れ、目で見て学ばせる。皮肉にも、色調が抑えられたスケッチからは、色を使ったデザインに関して予想以上に多くのことを学習できる。色を使わないことで、突如としてその下にあるものが見えてくるのだ。色調、形、尺度。そして、それら互いのコントラストをうまく使うことにより、構図は優れたものになる。各要素のパラメーターが正しく設定されていれば、しっかりとした基盤ができあがる。あとは、その基盤に沿って色を加えていけばいい。これは、ルネサンス期以来の巨匠たちが使ってきた古典的な絵画の技法によく似ている。

それぞれの要素について学習することで全体を把握し、その根底にある原則や概念を理解したのなら、次は自分の作品作りにそのまま応用できるようになるだろう。師が制作する現場を見てみよう。作品を作り上げ、アレンジし、発展させる様子を観察しよう。理解し身につけ、活かし、そして新たに生み出すのだ。

素晴らしい学びの旅へ、ようこそ！

シンガポールにて　2023 年 11 月
南洋理工大学アニメーション学科教授
ハンネス・ラル

※ 4　サレン・サクライ（2019）。「The Seven Japanese Aesthetic Principles」より。https://sarensakurai.com/japanese-aesthetics/ 2023 年 11 月 20 日閲覧。

※ 5　同上。

※ 6　訳注：部分の総和としては認識されない、一体性のあるまとまりや形態のこと。

Contents

目次

introduction

はじめに

「映像作品にとって構図の良さがいかに重要か」ということに私が最初に気付いたのは、ディズニーのアニメーション映画『ムーラン』のプロダクションデザインのスタイルを設計しているときだった。それまで、構図はある程度直感的に決めていたが、法則を意識したり、ほかのアーティストが解決策をどう模索したかを分析してみたりはしなかった。

東洋の美術について学ぶ中で、私は1つのイメージ内にあるすべての要素のバランスがうまくとれていることの大切さを知った。大きい／小さい、暗い／明るい、直線／曲線、重い／軽い、賑やか／穏やか——つまり、構図の「陰と陽」である。

また、同一環境内のキャラクターの正しい配置、奥行きを表現するさまざまな方法、1つの構図にキャラクターが2人以上いる場合の三角形の法則、視点（カメラアングル）の移行について分析し、とくにストーリーボードにおいて、適切なイメージ、編集の仕方、クローズアップやワイドショットが生むリズム、この3つの最良の組み合わせを研究した。

私は、初めにそうした知識を美術の修士課程で身につけ、さらに数百本の実写映画を何千枚ものサムネイルやスケッチに分解して特定の視覚言語について掘り下げた。

本書では、構図への理解を深めるのに役立ついくつかの例を紹介し、さまざまな演出方法や興味深いショットの作り方などについて解説していく。この探求は、今後も発展させていくつもりだ。私にはまだ学ぶべきことがたくさんあるし、そんな自分を楽しんでもいる……。

自然をテーマにしたドキュメンタリー映画を制作する場合、そのときに撮れるものをそのまま撮るほかない。台風災害を撮影する際に、必ずしも最善のカメラアングルを探し回る必要はないのだ。

しかし、実写やアニメーションの長編映画では、個々のショットをどう撮るかは前もって決められている。偶発的な画なんて1つもない。通常、すべてのシーンはストーリーボード（絵コンテ）を使って慎重に計画され、各シークエンスの最良のリズムが模索される。とくにアニメ映画では、ストーリーボードの次の段階である「ワークブック」と呼ばれるものの中でショットの順序やレイアウトが決められ、この時点ですでに最終的な作品の編集版ができあがっている。実写映画の場合、特殊撮影やアクションシーンではとりわけ重要なことだが、綿密に作り込まれたストーリーボードがあることによって、プロデューサーは時間と資金を大幅に節約することができる。

そのあたりの事情は、この本の中で詳しく説明するのは控えておくが（あくまで "スケッチブック" なので、あしからず）、すべてのショットの構図を決定づける映画制作の基本ルールをいくつか紹介しておこう。

establishing in wideshots
ワイドショットでシーン環境を確立

emotion in close ups クローズアップで感情を描写

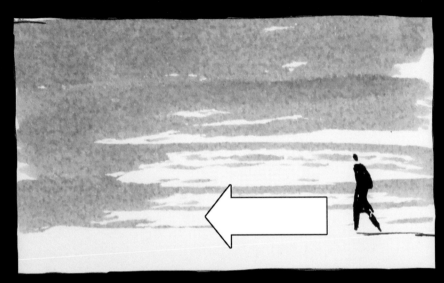

direction in movement

被写体の動きで方向を表現

perspective into the picture

遠近法で画の中へ誘導

depth in framing

フレーミングで奥行きを形成

dark in front of light
light in front of dark

光の前に闇を／闇の前に光を

high-angle ハイアングル／俯瞰

with emphasis on submission or dominance

アングルによって、被写体の威圧感や権威、弱さや無防備さを強調

single character 単独の被写体

mass-scene 複数の被写体

Choreography

カメラと被写体の動き

　同一場面内におけるカメラと俳優の相互の動きは、細心の注意を払って振り付ける必要がある。それは、舞台で踊るバレエダンサーたちの動きにも似ている。イタリアの映画監督ミケランジェロ・アントニオーニは、この"ミザンセーヌ"の達人だった※。バレエの振付師の仕事同様、すべての動きをフロアプラン（特定場面）の中に適切に収まるよう計画しなくてはならない。シーンに登場する俳優たちの位置は、アクションやセリフに応じて常に変化する。カメラはその変化を追いかけて、すべての重要なポーズそれぞれに魅力的な構図を見つけなくてはいけない。キーポーズは偶発的なものではなく、俳優同士のやりとりの中で生まれるものであり、カメラはそれらを追跡することも、先回りして動きをリードすることもできる。このような長いシーンでは、カメラの構図は極端なクローズアップからミディアムショットやロングショットなどさまざまに変化し、フレーム内に捉える俳優の数も変わったりする。

※訳注：ミザンセーヌとは、「映るモノすべてに意味がある」という考えのもと、画面を構成するすべての視覚要素を総合的に演出すること。

simplicity

シンプルさ

　フレーム内に視覚要素がたくさんある場合は、いくつかのシンプルなシェイプ（形）に減らすべきである。場面にディテールを詰め込みすぎると、目をどこに向ければいいのかわからなくなる。背景にある石ころ1つひとつ、芝の葉1枚1枚をすべて映し出す必要なんてない。その場面の全体的な印象が伝われば十分なのだ。

　アイデア（考え・意図）に関しても同じことが言える。1つの画の中に、たくさんのアイデアを盛り込もうとしないこと。あれこれ入れてしまうと、構図が混濁してわかりにくくなる。映画の観客は各ショットを数秒のうちに咀嚼しなくてはならないのだから、一度にたくさんのアイデアを伝えようとするのは得策とは言えない。1つのショットで1つのことを、別のことは別のショットで表現しよう。

rules

構図のルール

　黄金比や三分割法といった構図の法則（ルール）は、良い画を作るのに確かに役に立つ。しかし、それだけが唯一の方法だとは思わないでほしい。いったん基本ルールを理解し、時間をかけて習得したら、あとはそれらにあまりとらわれすぎないようにしよう。

　格別に興味を引く映画や重要視される映画のいくつかは、誰かがこうしたルールを破り新しいことに挑戦しようと決意した結果、生まれている。もちろん、ルールが何かを理解しないうちに、いきなり破り始めることはできない。まずは自分が何をしているのかをきちんと知る必要がある。映画の巨匠たちが長い時間をかけて学んできたことの中には、画像や映像をより良いものにするためのヒントがたくさん詰まっている。しかし、どうだろう。もしかしたら、周りの誰もが破るなと言ったルールを破ることで、斬新で素晴らしいものを思いつくかもしれない。そして今度はそれが、新しいルールになるかもしれないのだ。

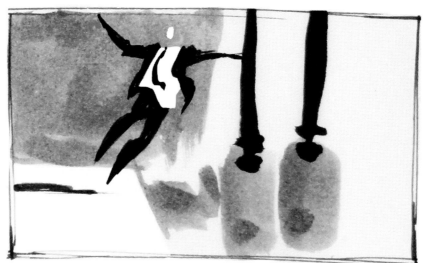

chaos

構図のカオス

　近頃は、フレームを隅々までディテールで埋め、カメラを絶えず動かし、レンズフレアやブルーム効果をふんだんに使うといったCG演出の過多な映画が流行っているが、そういったトレンドは避けるべきだ。単に刺激を与えることが目的のように感じられ、伝えるべきことが伝わってこない。刺激の提供と情報の伝達（コミュニケーション）には、大きな違いがある。

　観客の注意を引きつけようと何でもかんでもフレームに放り込むのは、まるでチンパンジーに見せるための映画を作っているようなものだ。そのような混沌とした構図の中では、声明や主張を明確に伝えることはできない。フレームに入れるものを慎重に考え抜いて選択することは、より一層の思慮と努力を要するが、結果として優れたイメージを生むことができる。そのほうが、はるかに観客を刺激できるのだ。

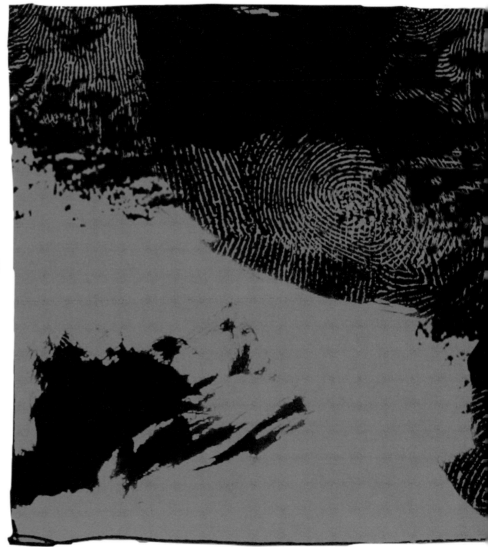

harmony

調　和

　私たちが画像や映像の中で美しいと感じる
ものは、フレーム内にある視覚要素の「調和
のとれた配置」であることが多い。重要な点
は、構図の中で相反する要素間に適切なバ
ランスを見出すことにある。ポジティブスペー
スとネガティブスペース、ディテール部分とディ
テールのない部分、高彩度の領域と低彩度
の領域。どれも、反対の要素が両方ともフレー
ム内に存在していなければ機能しない。一方
の比重を他方より大きくすることで、構図に焦
点が設けられ統一感が生まれるが、それはコ
インの両面が揃っていてこそ得られる効果だ。

Acknowledgement

謝 辞

　私の両親、そして亡き妻ハンネ、ハンス・フラウアウス、グンター・レカー、オットー・ネッシャー、ポール・シュエルナー、ウィリー・フレックハウス、アンドレアス・デジャ、ハロルド・ジッパーマン、リチャード・ウィリアムズ、ウリ・マイヤー、ヴェルナー・クブニー、ドン・ハーン、ジョン・ワトキス、マイク・スミス、サイモン・ウェルズ、ジューン・フォーレイ、ビル＆フィニ・リトルジョン、トム・シューマッハ、ジョー・グラント、ダーン・ヒッペス、バリー・クック、ピーター・シュナイダー、ウメーシュ・シュクラ、トム・シト、アレックス・ニーニョ、チェンイー・チャン、ローズマリー・ソリアガ、イミー・マルコス、マージ・ランドルフ、イシュ・パテル、ケニー・タイ、モンテ・ジェームス、レジス・ロワゼル、そしてサナタン・スルヤヴァンシ。

今日の私があるのは、あなたたちのおかげです。ここに、心より感謝の意を表します。

Profile

プロフィール

著者
ハンス・P・バッハー

プロダクションデザイナーとして40年におよぶキャリアを持つハンス・バッハーは、アニメ映画デザイン界のレジェンドの一人として名高い。ウォルト・ディズニー・フィーチャー・アニメーション、リチャード・ウィリアムズ、そしてスティーブン・スピルバーグが率いたアンブリメーションにその才能を提供し、『ロジャー・ラビット』や『美女と野獣』、『アラジン』、『ライオン・キング』、『バルト』、『ヘラクレス』、『ファンタジア／2000』、『マッチ売りの少女』、『ブラザー・ベア』、『リロ・アンド・スティッチ』、そして『ムーラン』など、歴史に残る名作のプロダクションデザインを数多く手がけた。

ハンスは、映画芸術科学アカデミーの会員である。また、プロダクションデザインにおける素晴らしい功績が称えられ、ゴールデンカメラ賞とアニー賞を受賞している。最初の著書『DREAM WORLDS 幻想の世界をデザインする』(ボーンデジタル刊、2007年)は、この分野の最も優れた教本として世界的に知られている。現在はシンガポールに在住。幾多の講義を開催し、名門・南洋理工大学(NTU)の学生をはじめとするアジアやヨーロッパの学生たちに自身の知識を伝えている。

訳者
ヤナガワ智予 (やながわ・ともよ)

愛知県出身。1995年にカナダへ渡り、ブリティッシュコロンビア州立大学付属の英語学校にて、英文学、社会人類学、民俗学を学んだのち、バンクーバーの英日翻訳・通訳者養成学校を卒業。2001年よりフリーランス翻訳者として出版翻訳を中心に、産業翻訳から映像翻訳まで幅広く手がける。訳書に『まだ見ぬソール・ライター』(青幻舎)、『世界の図書館を巡る 進化する叡智の神殿』(マール社)、『MARVEL BY DESIGN マーベル・コミックスのデザイン』(玄光社)などがある。

ブックデザイン　山田知子＋chichols
翻訳協力　　　株式会社リベル
編集　　　　　小塲いつか

Sketchbook

スケッチブック

ハンス・P・バッハーの「構図」と「ショット」のアイデア

2023 年 12 月 25 日 初版第 1 刷発行

著者　　　　ハンス・P・バッハー
訳者　　　　ヤナガワ智予
発行人　　　佐々木幹夫
発行所　　　株式会社 翔泳社 （https://www.shoeisha.co.jp）
印刷・製本　日経印刷 株式会社

ISBN978-4-7981-8406-7
Printed in Japan